Armin Täubner

TIERISCH TOLLE …GE

Karneval-Fensterbilder aus Tonkart…

frechverlag

Ritter Kunibär

(Beschreibung der Buchrückseite)

Ein Ritter ohne Pferd ist nur die Hälfte wert.

1.

Für die Rüstung eignen sich neben verschiedenen Grautönen auch Blau in unterschiedlichen Abstufungen, Weiß oder Schwarz.

2.

Malen Sie auf das weiße Schnauzenteil die Nase und den Mund, und kleben Sie es dann auf den Kopf. Nun werden die Augen und das Ohrinnere aufgemalt.

3.

Auf dem hellgrauen Rumpf (gestrichelte Linie) fixieren Sie den Brustpanzer und die beiden Kniescheiben. Von hinten werden die Schuhe angebracht.

4.

Am Helm die Federn und das Visier befestigen.

5.

Kleben Sie den Kopf und die linke Tatze an, hinter die allerdings zuvor noch der Helm geschoben werden muß. Das Schwert am rechten Arm anbringen und die Tatze aufkleben.

Fotos: frechverlag GmbH & Co. Druck KG, 70499 Stuttgart, Birgitt Gutermuth

Auflage: 5. 4. 3. 2. 1. | Letzte Zahlen
Jahr: 1999 98 97 96 95 | maßgebend

ISBN 3-7724-1885-6 · Best.-Nr. 1885
Druck: frechverlag GmbH + Co. Druck KG, D-70499 Stuttgart

Trubel, Spaß und Heiterkeit –
die tierisch tollen Tage sind ausgebrochen!!!

Denn in den Karnevalswochen wirkt auch im Tierreich die gute Laune ansteckend:

Wer hat das schönste Kostüm, wer zeigt am meisten Phantasie, wenn es darum geht, sich zu verkleiden?

Nil Eulenspiegel, Kroko-Ölscheich, Aladin Langohr und der Indianerhäuptling „Schwarzer Frack“ wetteifern mit ihren farbenfrohen Kostümen um Ihr Fenster!

Denn wer hier gewinnt, darf als Karneval-Fensterbild seine tierisch tollen Tage an Ihrem Fenster verleben!

Damit's bei Ihnen so richtig tierisch toll wird!

1.

Pausen Sie sämtliche Teile des Motivs nebeneinander und ohne Überschneidungen mit Bleistift auf Butterbrotpapier ab. Anschließend kleben Sie das Butterbrotpapier auf dünnen Karton.

2.

Die Teile werden mit Schere und/ oder Cutter exakt ausgeschnitten.

3.

Legen Sie diese Schablonen auf Tonkarton in der entsprechenden Farbe, und zeichnen Sie dann die Konturen mit Bleistift nach. Schneiden Sie nun die Teile in der benötigten Anzahl aus.

4.

Anschließend kleben Sie die Teile zusammen – das Foto und die Vorlage geben jeweils Positionierungshilfen. Mit einem Tuschefüller, mit Filzstiften und mit Pluster-Pens bemalen Sie dann noch Ihr Fensterbild.

5.

Plustern
Nach dem Auftragen fönen Sie die Plusterfarbe schräg von der Seite. Durch die Hitzeeinwirkung quillt die Farbe auf.
Wenn Sie die Farbe vor dem Fönen länger trocknen lassen, ist der Plustereffekt etwas geringer.

In diesem Buch wird stets beschrieben, wie die Vorderseite des Fensterbildes gearbeitet wird. Bei frei hängenden Motiven sollten Sie beide Seiten gestalten. Dazu werden die meisten Teile doppelt ausgeschnitten und in derselben Reihenfolge wie auf der Vorderseite, jedoch spiegelverkehrt, angeklebt.

Kettensträfling Grauer Koloß

***Das Sträflingsdasein ist so schrecklich bitter,
denn vor dem Fenster sind so viele Gitter.***

1.

Zuerst werden die Kleidungsstücke mit dem Sträflingsmuster bemalt.

2.

Dann kann der Elefant zuerst die Hose, dann das Hemd und zum Schluß die Mütze anziehen. Achten Sie darauf, daß später noch die Feile unter das Hemd geschoben werden muß.

3.

Am Kopf werden von vorne und von hinten die Stoßzähne und die Ohren angeklebt. Malen Sie das Gesicht auf.

4.

Die Hinterbeine werden mit einem Strich getrennt und die Zehen aufgemalt.

5.

Am linken Hinterbein befestigen Sie nun den Fußring und anschließend die Kette samt Kugel; vor dem Ausschneiden der Kettenglieder sollten Sie allerdings mit der Lochzange die Öffnungen ausstanzen.
Erst danach kann das linke Vorderbein samt Ärmel, das die Kugel hält, angebracht werden.

6.

Der Griff der Feile wird braun angemalt, während die Klinge mit einer feinen Schraffur versehen wird.

014

Sheriff Hahn

Ich glaub, im Wilden Westen gefiel' es mir am allerbesten.

1.

Zuerst erhält der Sheriff Schnabel und Kehlsack, dann wird das Gesicht aufgemalt.

2.

Die hellbraune Jacke mit dem Armausschnitt wird auf den weißen Rumpf geklebt, bevor der Flügel – allerdings vorerst nur im oberen Bereich – und das zweiteilige Halstuch angebracht werden.

3.

Auf den Hut kleben Sie zuerst das Hutband und den Sheriffstern. Vom bemalten Pfeil wird eine Hälfte von vorne, die andere von hinten am Hut befestigt.

4.

Nun können Sie dem Sheriff seinen Hut aufsetzen und ihm seine Pistole in den Flügel drücken. Das gelbe Fußteil wird von vorne am weißen Rumpfteil fixiert.

5.

Und dann wird geplustert.

Prinzessin Mäuselinde

Zu meinem allergrößten Pech
ist meine Krone nur aus Blech.

1.

Für den Mäusekörper können Sie entweder hellgrauen, hellbraunen oder weißen Karton verwenden.
Die Farbe der Kleidung ist auch beliebig variierbar.

2.

Auf den Mäusekörper (durchgezogene Linie) kleben Sie zuerst das Kleid, dann den Ärmel samt Pfote sowie Kragen und Schleier.
Anschließend werden das Ohr und die Krone befestigt.

3.

Jetzt wird das Gesicht mit einem Tuschefüller oder einem feinen schwarzen Filzstift aufgemalt; evtl. das Gesicht leicht mit Bleistift vorzeichnen.

4.

An der Pfote von hinten das Käsestück und am Schwanz von vorne die Schleife anbringen.

5.

Mit Pluster-Pen werden die Kleidungsstücke konturiert und mit kleinen Punkten geschmückt.

Clown Rosamunde

Schirm und Hut stehn ihr wirklich gut!

1.

Kleben Sie zuerst die Rüsselscheibe mit den aufgemalten Nasenlöchern auf den runden Kopf. Anschließend werden die Ohren, die Perücke und der Hut angebracht. Die Augen und die roten Wangen sollten Sie am besten mit einer Kreisschablone aufmalen.

2.

An der gelben Jacke fixieren Sie den Kragen, die Knöpfe und die Vorderfüße.

3.

Nun wird die Hose mit Filzstiften verziert, bevor Sie daran von hinten die Schuhe befestigen.

4.

Kopf und Hose von vorne bzw. von hinten an der Jacke anbringen. Das Schirmchen wird von hinten am linken Vorderfuß angeklebt.

5.

Malen Sie die Perücke, den Hutpompon und die Knöpfe flächig mit Pluster-Pen an, während die Kleidungsstücke bunt konturiert werden.

Dummer August

Ganz egal, was August macht,
jeder, der ihm zusieht, lacht.

1.

Legen Sie den Kopf an das hellblaue Mantelteil an, und verbinden Sie beides mit dem aufgeklebten Kragen.

2.

Am Hundekopf werden die rote Pappnase, Auge, Ohr und Hut befestigt. Mit einem Tuschefüller malen Sie das Gesicht und das Gummiband der Pappnase auf.

3.

Am Ärmel von hinten die Pfote und den Schirm anbringen. Der Ärmel wird leicht unter den Kragen geschoben und im Schulterbereich fixiert.

4.

Nun wird, durch den Ärmel ein wenig verdeckt, die Manteltasche mit der Flasche angeklebt; mit einem Filzstift malen Sie den Flaschenkorken an.

5.

Anschließend können Sie die mit Pompons verzierten Schuhe und den Schwanz von hinten am Mantel befestigen.

6.

An die Flasche binden Sie den roten Luftballon, der von hinten am Kopf fixiert wird.

7.

Und dann gibt's noch bunte Pluster-Verzierungen.

Batmaus

Für Ordnung und Gerechtigkeit kämpft die Batmaus jederzeit.

1.

Am roten Rumpf (gestrichelte Linie) wird zuerst der Gürtel, dann der Ärmel samt Armband und Pfote befestigt.

2.

Legen Sie nun die schwarze Maske und den Schwanz in die ausgesparten Öffnungen am Rumpf, und kleben Sie den schwarzen Umhang auf.

3.

Der Mäusekopf mit dem rechten Ohr wird von hinten, das zweiteilige linke Ohr von vorne an der Maske angebracht.

4.

Abschließend malen Sie das Gesicht auf.

Aladin Langohr

1.

Der Teppich erhält beidseitig schmale, weiße Kartonstreifen; feine schwarze Linien deuten die Fransen an.

2.

Am weißen Rumpf (durchgezogene Linie) wird zuerst die gelbe Hose, dann das Bolerojäckchen sowie der Ärmel samt Pfote befestigt. Den zweiten Schuh fixieren Sie von hinten am Hosenbein.

3.

Auf das rote Turbanteil (durchgezogene Linie) wird das weiße Teil (gestrichelte Linie) geklebt. Abschließend wird der gelbe Federschmuck vorne am Turban befestigt.

4.

Nun kleben Sie den Hasenkopf hinten an den weißen Rumpf. Anschließend erhält der Hase seine Kopfbedeckung und das zweiteilige Ohr.

5.

Malen Sie das Hasengesicht auf.

6.

Abschließend nimmt der Hase auf dem Teppich Platz, und Pluster-Pen in verschiedenen Farben ist an der Reihe.

Kroko-Ölscheich

**_Kommt ein Scheich zum Karneval,
amüsiert er sich auf jeden Fall._**

1.

Auf den grünen Rumpf (durchgezogene Linie) kleben Sie das weiße Gewand. Die Kopfbedeckung wird nur am Kopf befestigt und mit einem aufgemalten Band verziert. Anschließend erhält der Ölscheich seine Sonnenbrille.

2.

Malen Sie das Gesicht auf.

3.

Zwischen den beiden roten Schirmteilen wird der Stock fixiert. Nun unterteilen Sie die Schirmfläche zunächst mit feinen Bleistiftlinien und ziehen die Linien später mit einem Tuschefüller nach.

4.

Den Ärmel leicht unter die Kopfbedeckung schieben und im oberen Bereich am Umhang ankleben. Jetzt kann die Hand samt Schirmstock am Ärmel angebracht werden.

5.

Bevor mit Pluster-Pen die Schlußakzente gesetzt werden, befestigen Sie noch die bemalte Ölkanne am weißen Umhang.

ÖL

Küken-Clown

Für den Spaß hab ich den Hammer mit dabei,
damit auch jeder lacht, so richtig frank und frei.

1.

Der hellblaue Anzug wird zunächst mit Kragen, Schleife und Knöpfen verziert; dann werden daran von hinten die beiden Füße befestigt.

2.

Nun kleben Sie das Kopf-Flügel-Teil (gestrichelte Linie) von hinten an den Anzug.

3.

Legen Sie den dreieckigen Hut direkt an den Entenkopf an; beide Teile werden durch den aufgeklebten weißen Hutrand verbunden.
Ein roter Pompon ziert die Hutspitze.

4.

Anschließend den Schnabel am Kopf anbringen.

5.

Das Gesicht zeichnen Sie am besten leicht mit Bleistift vor, bevor Sie es endgültig mit einem Tuschefüller aufmalen.

6.

Den weißen Teil des Spaßhammers schneiden Sie mit der Zackenschere aus und runden dann die Enden mit einer normalen Schere ab. Verbinden Sie die Zacken mit schwarzen Linien. Ist der Hammerstiel angebracht, wird er am Entchenflügel befestigt.

7.

Pluster-Pen-Akzente geben dem Harlekinanzug noch mehr Pep!

Steinzeit-Frosch

Fliegenjagd mit Speer und Keule vertreibt mir schnell die Langeweile.

1.

Zunächst wird der Steinzeit-Frosch mit einem zünftigen Fellumhang bekleidet; Fellschuhe ergänzen die Kleidung. Der linke, angewinkelte Arm wird in den V-förmigen Ausschnitt am Froschrumpf gelegt und von hinten am Fellumhang fixiert, wobei die Hand auf dem Umhang liegen muß.

2.

Zeichnen Sie nun die Finger auf die Froschhände.

3.

Für das Aufzeichnen der Froschaugen verwenden Sie am besten eine Kreisschablone. Zuerst wird die schwarze Pupille mit dem Lichtreflex aufgezeichnet, dann wird der zweite, größere Kreis mit Bleistift gezeichnet und ausgeschnitten.

4.

Kleben Sie die Augen auf den Froschkopf. Das Gesicht wird aufgemalt.

5.

Der Kopf wird von vorne, der freche Haarschopf von hinten am Rumpf befestigt.

6.

Der Speer erhält von hinten eine steinerne Spitze. Mit Tuschefüller werden die Steinkanten der Speerspitze und die Holzmaserung von Speer und Keule angedeutet.

7.

Speer und Keule fixieren Sie von hinten an den Händen und verzieren Ihr Fensterbild nach Lust und Laune mit Pluster-Pen.

Indianerhäuptling „Schwarzer Frack"

**Hier sehen Sie einen Pinguin
als Häuptling in den Fasching ziehn!**

1.

Kleben Sie auf den weißen Rumpf (Strich-Punkt-Linie) das schwarze Kopf-Rücken-Teil mit dem ovalen Wangenausschnitt (gestrichelte Linie). Nun wird der Schnabel angeklebt und das Gesicht aufgemalt.

2.

Anschließend bringen Sie die Füße und die Flügel an, wobei Sie den linken Flügel vorerst nur im oberen Bereich fixieren sollten.

3.

Jetzt kann der tapfere Krieger bewaffnet werden: Speer und Kriegsbeil bestehen jeweils aus zwei Teilen.
Am rechten Flügel wird die Flügelspitze (punktierte Linie) separat ausgeschnitten und zum Schluß von vorne aufgeklebt.

4.

Der Kopfschmuck des Häuptlings besteht aus einem roten Band (punktierte Linie) und einem weißen Federteil (gestrichelte Linie). Kleben Sie das Band auf das Federteil; Federkiele, -ränder und -spitzen werden aufgemalt.

5.

Der Häuptling kann nun seinen Federschmuck aufsetzen, bevor mit Pluster-Pen noch einige Farbakzente gesetzt werden.

Zauberer Quak

Ich hoff, es steht ein kluger Zauberspruch in meinem alten, dicken Zauberbuch.

1.

Am violetten Zaubergewand wird zuerst der linke Ärmel so angebracht, daß später noch das Zauberbuch dahintergeschoben werden kann.
Kleben Sie nun den weißen Kragen und den weißen Mantelsaum an.

2.

Die schwarzen Pupillen mit den Lichtreflexen werden vor dem Ausschneiden auf die weißen Augen gemalt.

3.

Den Mund und die Augen am Froschkopf befestigen, die Nasenlöcher aufmalen.

4.

Anschließend fixieren Sie den Kopf auf dem Kragen.

5.

Auf das große, braune Buchteil kleben Sie das weiße Seitenteil; mit feinen Linien werden die Seiten aufgezeichnet und wird der Buchumschlag verziert.

6.

Nun werden die Hände von vorne an den Ärmeln fixiert und daran von hinten das Zauberbuch bzw. der -stab angeklebt.
Und dann wird geplustert.

Leo Napoleon

In dieser Haltung kennt mich jedermann, drum nutz ich sie auch dann und wann.

1.

Auf die Löwenmähne kleben Sie zuerst das Kopfteil (punktierte Linie) und darauf das Schnauzenteil (gestrichelte Linie). Als nächstes erhält Napoleon sein aufgemaltes Gesicht. Setzen Sie ihm dann den dunkelblauen Zweispitz auf, an dem von hinten die runden Ohren befestigt werden.

2.

Auf den weißen Rumpf (durchgezogene Linie) wird die dunkelblaue Jacke (Strich-Punkt-Linie) geklebt. Anschließend werden die Ärmel samt Pfoten angebracht, wobei die rechte Pfote, in der für Napoleon typischen Haltung, unter seine Jacke geschoben wird. Die gelben Epauletten (punktierte Linie) grenzen die Schultern nach oben ab.

3.

Anschließend befestigen Sie den fertigen Kopf und den Schwanz am Rumpf.

4.

Und wie wär's noch mit Pluster-Verzierungen?

Affenclown

Ein kleiner frecher Affenclown ist hier recht lustig anzuschaun.

1.

Auf das dunkelbraune Kopfteil (durchgezogene Linie) kleben Sie zuerst das herzförmige Gesichtsteil (gepunktete Linie) und darauf das runde Mund- und Nasenteil (gestrichelte Linie). Die Ohren werden von hinten am Kopf befestigt. Nun können Sie das Gesicht aufmalen.

2.

Auf den dunkelbraunen Rumpf (durchgezogene Linie) werden die Windel und das T-Shirt geklebt, anschließend von hinten die Füße und die rechte Hand angebracht. Am separat ausgeschnittenen linken Arm wird ebenfalls von hinten eine Hand fixiert – dann bringen Sie den Arm von hinten an, so daß die linke Hand auf dem T-Shirt liegt.

3.

Jetzt erhält der Affenclown seinen fertigen Kopf und den dreiteiligen Hut.

4.

Mit Tuschefüller oder Filzstift werden noch die Finger, die Zehen sowie die Falten und die Klebebänder an der Windel aufgemalt. Plusterverzierungen runden Ihr tierisch tolles Fensterbild ab.

Nil Eulenspiegel

Das Kostüm steht mir ja gut,
doch paßt dazu auch dieser Hut?

1.

Am besten beginnen Sie mit dem Zusammenkleben des Nilpferdkopfes. Auf das Kopfteil (gestrichelte Linie) wird zuerst das rote Maulteil (punktierte Linie) und dann das Schnauzenteil (durchgezogene Linie) geklebt.
Die Narrenkappe mit den drei Schellen von hinten am Kopf befestigen.

2.

Nun können Sie das Nilpferdgesicht aufmalen.

3.

Am roten Kostümoberteil werden zuerst der rechte Ärmel samt Vorderfuß sowie der gelbe Kragen befestigt.
Vom linken Vorderfuß vorerst nur das große Teil (gestrichelte Linie) von hinten am Ärmel fixieren.
Anschließend bringen Sie die dunkelblaue Hose an und verzieren das Kostüm mit den Schellen.

4.

Der bisher kopflose Narr erhält nun seinen fertigen Kopf.

5.

Binden Sie einen Faden um das Mundstück des herzförmigen Luftballons, der von hinten an der Narrenkappe fixiert wird.
Den Faden spannen Sie zum linken Vorderfuß und kleben darauf dann das zweite Fußteil (punktierte Linie).
Und dann wird noch geplustert.

Katzen-Piraterie

Mit Säbel und mit Messer gefalle ich mir besser.

1.

Der Katzenkopf erhält zuerst die Augenbinde, dann wird der schwarze Dreispitz mit dem Piratenzeichen aufgesetzt. Malen Sie das Gesicht auf.

2.

Am weißen Rumpf wird zuerst der Fußring, dann die Hose samt Messer und Gürtel befestigt.

3.

Ziehen Sie nun dem Piraten die blaue Jacke und das dreiteilige Halstuch an. Der linke Arm (punktierte Linie) wird im Schulterbereich von hinten an die Jacke angeklebt; ein goldener Armreif verziert das Handgelenk, das auf der Jacke liegt.

4.

Nun wird am rechten Arm die separat ausgeschnittene Hand angebracht. Darauf kleben Sie den Griff des zweiteiligen Säbels.

5.

Zum Schluß wird der fertige Piratenkopf auf das Halstuch geklebt, und Pluster-Verzierungen werden ergänzt.